독서시집

책이라
독서라
말하리

독서시집
책이라 독서라 말하리

2018년 9월 15일 · 제1판 1쇄 발행

펴낸이 | 이요섭
펴낸데 | 요단출판사

주 소 | 07238 서울특별시 영등포구 국회대로 76길 10
기 획 | (02)2643-9155
영 업 | (02)2643-7290 FAX (02)2643-1877
등 록 | 1973. 8. 23. 제13-10호

기 획 | 권혁관
편 집 | 강성모
디자인 | 박지혜
제 작 | 박태훈
영 업 | 김승훈 김창윤 이대성 정준용
이영은 김경혜 최우창 백지숙 박헌규

정가 8,000원
ISBN 978-89-350-1718-8 03230

요단인터넷서점 www.jordanbook.com

독서시집

책이라 독서라 말하리

최호준

요단
JORDAN PRESS

들어가는 말

무한한 가능성의 영역인 책읽기는 해답을 발견했을 때처럼, 문제가 해결되었을 때처럼, 언제나 기쁨을 주고, 평안을 주었던 놀라운 선물이었습니다.

수많은 세월의 결실과 사람들의 엄청난 지적 보고를 한 순간에 마음만 먹으면 구해볼 수 있다는 현실이 무척 고맙고 반가우면서도 한편으로는 책읽기에 무관심한 시대적인 상황이 교차되어 가슴이 멍멍하기만 합니다. 외롭고 고달플 때마다 책읽기를 통해 통찰력을 얻었던 순간순간들의 귀한 기억들이 주마등처럼 스쳐지나 갑니다. 이러한 아름다운 기억들을 더듬으며 머리에서 손끝으로 옮겨 표현한 것이 한권의 시집이 되었습니다. 모쪼록 책을 좋아하고, 책에 관심을 갖는, 그래서 책읽기에 흠뻑 빠지는 책 대가들이 많았으면 하는 마음입니다. 책이 존중받는 책 세상을 꿈꾸며.

2018. 9.

삼홍 讀學記思房에서　최 호 준

차례

책과 글

서재라는 공간

고전

책 읽는 습관

서재 풍경

책과 글

소리

쓰르륵 낙엽 밟히는 소리
생명을 다한 쓸쓸한 여운

쓰르륵 책장 넘기는 소리
생명을 더하는 힘찬 기운

그 많은 세상 소리 중에 유독
아주 선명하게 들리는
아픈 소리, 깨닫는 소리

바람소리

칠흑 같은 어두움이 내려앉은 겨울밤에
창문을 두드리는 차가운 바람소리가
글자의 행군소리처럼 들려
정신이 번쩍 들었네

만물이 고요히 잠든
질서 있는 세상에
어찌 이런 일이 하고
놀란 마음 추스려 보네

누군가에게 전하고픈
말 못할 사정 있어서일까
못 다한 말 있어서일까
바람소리와 함께 어둠은 깊어만 가네

소리, 글

그의 소리를 들으라
그의 글을 읽으라

그의 백성은
듣고, 읽는 백성

그는 모든 민족 위에 뛰어나신
홀로 하나이신 절대자

그의 소리를 들으라
그의 글을 읽으라

그래서 마침내, 끝까지
위대한 걸작품 되어라

좋은 책 한 권

비온 뒤의 상쾌한 아침공기
얼굴에 차갑게 느껴지다가도
금새 시원하게 다가오는 것이 마치
정신을 번쩍 들게 하는
좋은 책 한 권과 마주하는 심정

자욱하게 깔린 얇은 안개비가
도로를 살짝 살짝 적시듯
좋은 책 한 권이 말이 되고 호흡되어
어지러운 마음에 조용히 다가와
친근하게 다독이고 감싸 안고

허기짐

배가 고파 허기지면
밥을 먹어야 하듯
정신이 고갈되어 허기지면
책을 읽어야 한다

육체 건강은 무엇을 먹느냐에 달려있듯
정신건강도 무엇을 읽느냐에 달려있으니
육체를 위해 먹고 채우는 일 날마다 심각한데
정신을 위해 읽고 채우는 일 언제나 고민 된다

먹고 안 먹고는 우리의 책임
읽고 안 읽고는 우리의 무한책임
비었다면 먹어야 하듯
고갈되었다면 읽어야 한다

책 읽기

책 읽기는
만남의 공간
대화의 공간
소통의 공간
교제의 공간
기쁨의 공간

그리고 책 읽기는
정신재산
보물단지
시간여행
이해도구
온몸운동

그래서 책 읽기는
마음을 다해 질문하기
따뜻하게 느끼기
가슴으로 생각 품기
세상에 소망 갖기
대답하며 반응하기

시간 공부하는 독서인

사람들은 하나같이 은근히
앞만 보라
앞서 가라
앞장서라 부추기고

한 수 더 떠
멀리 보라
꿈을 꾸라
날아오르라 재촉하고 있으니

사람이 사람인 것은
보살핀 만큼 자라고
공들인 만큼 빛나고
사랑한 만큼 인물 되는 것인데

시간을 넉넉히 주고
시간 속에 기다려 주고
시간이 해결하도록 이끌어 주고
시간 공부하는 독서인 되게 하면 해결될 것을

책 이사 온 날의 풍경

이사 온 책 친구가
이미 자리 잡은 책 이웃들에게
맨 먼저 보여 주는 아기자기한 모습은 이랬다

일렬로 줄서기
가로 세로 맞추기
앞 뒤 눈치 보기
아래 위 살피기

자리 잡고 있는 이웃들이
새로 이사 온 책 친구에게
맨 먼저 하는 말은 이랬다

여기까지 오느라 고생했다
앞으로 잘 지내보자
서로 서로 해야 할 일이 많을거야
그런데 참 넌 어디서 왔니?

땀방울

여름철 한 때 송글송글 맺히는 땀방울
가슴을 열고 들여다보면
이유 있는 몸부림의 진액

때에 맞게 서둘러야 후회 없기에
아낌없이 다가가고 멈추기를 반복하니
반겨주고 좋아하는 다정한 얼굴들 그리고 속삭임들

열려 있는 기발한 문자의 세계
즐거운 세상 만들어 줄까 하여
무더위 꿀꺽 삼켜 더 넓은 세상 품에 안으니

그래 맞아 바로 이거야 하는 내면의 음성
허기짐 달래 듯 허겁지겁
다행이다 싶은 안도의 몸부림

날개 없는 말, 발 없는 글

말은 그 사람의 인격
글은 그 사람의 마음

말은 그 사람을 밝혀 주는 것
글은 그 사람을 읽게 하는 것

날개 없는 말이 천리를 가듯
발 없는 글이 만리를 가듯

인격을 밝혀 주는 말에 정제된 절제가
마음을 읽게 하는 글에 한없는 생명을

한 장 넘기고, 하나 쌓고

늦었다,
후회스럽다 말하기 전에

한 장 넘기고
두 장 넘길 일이네

문제다,
걱정된다 말하기 전에

하나 쌓고
두 개 쌓을 일이네

한 장 넘기고 또 넘기고
하나 쌓고 또 쌓고

무심한 시간 속에 돌고 돌아
넘기고 쌓을 일이네

책과 글

책이 은근하게 다가와 말을 한다
글이 살짝살짝 다가와 말을 건넨다

책이 요동치며 살아 움직인다
글이 뜨겁게 살아 행동한다

책이 책으로 세상을 주목한다
글이 글로 사람을 바라본다

책은 다양한 세상 실타래
글은 변화무상한 삶의 보따리

책 안에 세상, 사람 있고
글 안에 깨달음, 지혜 있네

두 세상

이론과 현장이라는
경계를 두고
엄연한 두 세상에서
가슴깊이 갈등하는 현실은

수없이 쌓아올린
고귀한 이론들이
펄펄 뛰는 삶의 현장에서
힘을 제대로 못 쓰는 한심스러움 때문이요

알차고 풍성한
속 깊은 내용들이
거리가 멀고 먼 메아리처럼 들려
현장과는 한참이나 까마득하게 느껴지는 참담함 때문이요

거리를 좁히기보다
거리를 넓히는데
초점을 잃은 듯 맹렬히 달려가는
머리와 가슴이 각자 움직이는 냉정함 때문이요

이론이 원칙을
세우기 위함이라면
현장은 원칙을 발휘하는 장터이기에
하나되는 자연스러움을 애써 외면하는 안타까움 때문이요

읽고, 쓰는 것 다르고
느낌, 경험 달라
지식, 지혜 다르니
이론과 현장이라는 두 세상 바라봐야 하는 서글픔 때문이요

장날과 장터

서점에서 전화가 왔다
주문한 책 도착했다고
외출할 장날과 장터가 생긴 것이다
짧은 몇 마디에
새롭게 만날 책들이
눈앞에 아른 거린다

왠지 모르게 두근거리고
또 어떤 향기의 책들을 만날런지
마음이 쏠린다
책 만나러 가는 날이
나에게 장날
서점은 장터

즐길거리 먹을거리 풍성한 장날에
북평 오일 장터에 가는 것처럼
즐겁다 기쁘다
오늘이라는 장날에
서점이라는 장터로
책들을 만나러 간다

살아 있는 글

글이 온 몸으로
다가옵니다
때로는 따뜻하게
때로는 따끔하게

글이 하는 말은
분명합니다
기준을 세우고
바르게 살라고

글이 펼치는 잔치자리는
흥겹습니다
다양하면서도 기대를
혼란스러우면서도 만족을

글이 글에게
말을 합니다
지성을 위하여 끊임없이
성숙을 위하여 한결같이

살아 있는 글
호흡하는 글이 있어
다행이고 다행입니다

독서(1)

독서라는 진기한 언어는 신기한 보약처럼
천천히 지난날을 뒤돌아보게 하고
꾸준히 지금을 점검하게 하고
변함없이 앞을 소중하게 바라보게 하는 것

하늘을 쳐다보고 머리를 끄덕이며
'그래 맞아 맞는 말이야'
땅을 내려다보고 무릎을 탁 치며
'그거야 바로 그거'
가슴에 다가온 뜨거움과 시원함을 맛보며
'아하, 이런 것이 있었구나'하는 것

그래서 결코 놓칠 수 없는
말 많은 세상에 대하여
한(恨)많은 사람에 대하여
희망을 유쾌하게 전해주는 것

독서(2)

읽고 읽다 보니 점점
할 말이 없어집니다
어리석음을 발견합니다
문제가 크게 다가옵니다
가슴이 멍멍해집니다
어디론가 숨고 싶은 심정입니다

우리에게 좋은 날, 맑은 날, 시원한 날이
있기나 한 것인지 묻고 싶습니다
나는 지금 어디쯤 와 있는지
진지하게 알고 싶습니다
우리 모두 바른 기준을 놓치고 있지는 않은지
세상 소리를 균형 있게 듣고 싶습니다

독서(3)

독서를 위한 흐름과 공간은
알뜰살뜰 확보하는 것이거늘

독서에 대한 시간과 물질은
살갑도록 아까워하니

독서,
누구를 위한
누구에 대한
애틋한 울림일까?

사람, 책, 서재

사람,
가장 중요함
절대적임
핵심 중의 핵심
그래서 비중 있는 주인공

책,
읽을 대상
호흡할 수 있는 실체
소통의 원동력
그래서 필요한 영양소

서재,
만남의 자리
상상력의 터전
마음이 움직이는 황홀한 공간
그래서 정신의 안식처

사람, 책, 서재,

서로에게 존중받을 만한
없어서는 안 될
독서의 하모니
그래서 아름답게 펼쳐지는 인생무대

궁금한 것

나이를 먹어가도
그 사람의 말과 행동은
아직도 여전하다
마치 철없는 자식처럼

자신을 아는지 모르는지
남들이 어떻게 여기는지
도무지 관심 없다
마치 삐딱한 문제아처럼

시간 속에서 이제는
서서히 달라져야 할 텐데
한참이나 암담하다
마치 기약 없는 약속처럼

혹이나 책을 읽고
자기 자신을 공부한다면
달라지는 것이 가능할까 궁금하다
마치 떨리는 수험생처럼

'아, 인간아'하는 어이없는 탄식이 한숨 되어
소리 없이 몰려 온다 터져 나온다
어찌하면 좋단 말인가?

깨알

마음의 문을 두드리는
깨알 같은 너에게
밑줄,
세모,
네모,
동그라미
별표로 마음을 표한다
마치 울림이라는 친구와
대화하는 것처럼

그렇게 그 자리에 자리 잡고
반짝이며 있어줘서 너무 고맙다
깨알로 전해지는 큰 울림들
널리 퍼져 또 다른 이름 모를 이들에게
전해지고 또 전해졌으면 좋겠다
어두운 세상에 따뜻하게 전해지는
한 줄기 환한 빛처럼

글자

책의 흔적으로 만들어진
흰 바탕의 검은 열정들

숨죽이듯 고요히
품위 있게 배열된 모습 경이로워

툭 건드리면 벌떡 일어나
때로는 함성으로, 때로는 소근거림으로

과거, 현재, 미래를 환하게 비춰주니
너는 기억의 선구자(先驅者), 기억의 선봉장(先鋒將)

서재라는 공간

닮았다

책 읽는 것이 등산하는 것과
어찌 그리 닮았는지
그 느낌 그대로
우리 집 앞산 옥녀봉을 올랐다

깊은 침묵만이 가득한 오솔길 위로
높은 구름은 잠시 쉬어가는 듯 멈추어 있고
바람은 사방 이곳저곳에서 불어 반겨주니
등산하는 마음 흐뭇하게 했다

급경사 오르는 내내 땀이 비 오듯 하고
무거운 걸음걸음 비록 힘은 들어도
눈앞에 펼쳐진 자연풍경은 어지러울 정도로
한 순간에 그 모든 것을 잊게 했다

문득문득 뒤돌아 사람 사는 동네를 내려다보니
자그마한 장난감들이 옹기종기 모여
가지가지 사연과 이야기들을 나누는 듯하다
그리고 자연의 일부분으로 귀하게 보였다

병풍처럼 길게 뻗어 있는 태백산맥이
바로 눈앞에서 장엄함을 보여 준다
높고 낮은 울퉁불퉁한 봉우리들이 사이좋게 모여
외롭지 않게 이웃하고 있다 오랜 침묵으로

시간을 따라 오르다 보니 어느덧 목적지는 다가오고
땀 흘려 수고한 보람이 피곤을 잊게 하니
누구를 위함이 아니라 자기 자신을 위해 애쓰는 것이라면
등산과 책 읽기는 닮았다 공짜는 없듯이

쓰여진 글

쓰여진 글은
시간 속에서 고전으로
마음 속에서 양식으로
환경 속에서 울림으로
길게 가고
오래 가는
인간의 뜨거운 몸부림

영리함

사람들의 삶의 행태인
언어, 몸짓, 관계 …
시대와 함께 변함없이 여전한 것을 보니
교활하고 악하다

뜻있는 사람들이 마음을 모아
책을 가까이 하고 책을 읽는 것은
어쩌면 교활하고 악한 사람들에 대해 방어하고
영리하게 대처하기 위함인지 모른다

사람을 아는 것은
세상을 아는 것
사람을 들여다보는 것은
세상을 들여다보는 것

모두 다 교활하고 악한 것은 아니지만
이 세상은 위험한 경계를 넘나드는 현장
영리함은 그러기에 필요한 지혜로운 선
독서인들이 삶의 현장에서 힘 얻기를 응원한다

글 잔치

감칠맛 나는 글 잔치
누구를 위한 만찬일까?

사람이 빚어낸 언어의 눈부신 향연
누구를 위한 성찬일까?

눈(目)과 마음으로 읽어 배부른
심령이 가난한 사람의 것이겠지

한 점 부끄럼 없기를 위해 애쓰는
성실한 사람들의 기회의 장(場)은 아닐런지

배움의 세상 꿈꾸는
선한 양심의 잔치였으면 좋겠네

사람답게 살려면

성장하면 성숙해야 하는 것은 당연한데
현실은 그렇지 못하니 또 하나의 병폐
성장하면 성숙의 열매가 있어야 하는 것은 마땅한데
현실은 아무런 문제가 되지 않으니 거듭되는 해악

성장과 성숙과 성숙의 열매를 기대하는 것은 어쩌면
지름길 가기 바쁜 현대인들에게 뜬구름 같은 소리
왠지 모르게 불편한 헛바람 같은 바램
잘못 읽고 제대로 배우지 못한 철부지 같은 행동

아무리 시대가 변하고 변해도
성장, 성숙, 성숙의 열매는 있어야 하는 것
사람대접 받으며 사람답게 살려면
언제나 염두에 두고 새기고 또 새겨야 하는 것

시간 속에서

읽어
깨달은 대로
살기를

시간 속에서
책 사랑
독서 사랑

한결같은 마음
이어지고 이어져
다양한 사연 보고 듣고

언제나 묵묵히
자리 잡아
흔들림 없기를

금빛 날씨

푸른 가을 햇살 받으며
앞마당 빨래 줄에
울긋불긋 형형색색 빨래가 널렸다

청명한 푸른 햇살 마음껏 비취니
구름 한 점 없는 가을 하늘
이만하면 금빛 날씨
맑고 밝은 햇볕에
한 폭 그림 같은 앞마당 빨래
고즈넉한 풍경과 어우러져
가을의 상큼한 정취 마음껏 뽐내는
편안한 광경 참 좋아 보인다

하늘은 높고 말은 살이 찐다는
풍요로운 계절 가을에
고요한 침묵과 벗 삼아
지혜로운 통로 되어 줄
몇 권의 책 품어야겠다

선물

누군가 나에게
선물을 한다면
따끈따끈한 내용으로
가슴을 흠뻑 적실
책이었으면 좋겠습니다.

책 선물은
마음과 마음이 통할 때
가능한 선물이기에
마음 통하는 사람과
마음 전하는 기쁨을 나누고 싶습니다.

눈 뜨고 세상 바라보면
그 어느 것 하나 선물 아닌 것이 없듯이
유독 책 선물을 기대하는 것은
책 속에 또 다른 귀한 선물이
숨죽이며 빛을 발하고 있기 때문입니다.

하루하루

'천 리도 한 걸음부터'
'티끌 모아 태산'
'구슬이 서 말이라도 꿰어야 보배'
일침(一針)으로 정신을 번쩍 들게 하는 격언들이
독서에도 꼭 맞으니 놀랍기만 한 데
세상 이치 틀린 것이 없어

또 한 걸음 걷고
또 한 번 호흡하고
또 한 장 읽는 것이
독서인으로 오늘을 엮어가는 삶인 것을

티끌 같은 시간이 모이고 모여
하루하루를 이어가 듯
한 장 한 장을 읽고 읽어
밝은 하루하루를 만들어 가 듯
오늘을 살고 내일을 꿈꾸게 하는
알찬 독서인으로 또 하루를 열었으면

가을 하면

가을 하면
독서 사랑

가을 하면
책 사랑

계절 따라
시간 따라

이끼에 물 흐르듯
구름에 달 흐르듯

오고 가는
온 몸 사랑

마주 하는
가슴 사랑

확신

꿈 많던 학창시절
먹을 것은 없어도
책은 있었고
쓸 돈은 부족해도
책은 샀었다

친구들은 가끔씩
먹을 것도 없고
쓸 돈도 부족한데
책에만 관심 있다고
핀잔을 주었지만
나는 나름대로 확신했다

먼 길 가야하는 짧은 인생이지만
인생의 나침반 될 책이 있다면
아낌없이 든든한 후원자 되어 줄 것을
세상을 가슴에 품고 희망을 노래할 것을
책이 책을 낳는 좋은 날 있을 것을

서재라는 공간

산들거리는 바람을 등에 업고
계단을 한 걸음 한 걸음 올라 서재에 이르면
조용한 정적이 흐르는데
책들의 따뜻한 인사가 있어
포근한 정감으로 살갑게 다가온다

말하지 않아도 들리고
조용한 것 같지만 깨어있고
움직임은 없어도 움직이게 하고
고독하지만 풍요롭게 하고
가진 것은 없으나 배부르게 하고

서재라는 공간이 주는 유익은
시간이 흐르는 만큼이나 확장되어
자꾸만 거듭 거듭 크게 느껴지니
서재의 주인으로 사는 것이
얼마나 흐뭇하고 보람된 일인지 그 누가 알겠는가

읽고 쓰는 것은(1)

읽고 쓰는 것은
머리라는
열린 공간에서
손가락이라는
세미한 공간으로
이어지고 이어지는
생각여행
마음여행
인생여행

읽고 쓰는 것은(2)

읽고 쓰는 것은
농부가 밭에
씨앗을 심고 거두는
수고로움과 같다

묵묵히 일한 보람에 보답이라도 하듯
깊은 침묵과 인내가 어우러져
마침내 싹이 나고 줄기가 자라고
그래서 열매가 귀하게 맺히는 것처럼

읽고 쓰는 것은
사람의 마음 밭에
생각을 심고 거두는
영혼의 호흡과 같다

너와 나를 위하여

너를 살리기 위해서는
귀담아 들어야 하고
나를 살리기 위해서는
진지하게 읽어야 한다

세상은 온통
장터처럼 정신없이 분주하고
사람은 확실히
무관심으로 얽혀있으니

너를 살게 하기 위해서는
시간이 필요하고
나를 살게 하기 위해서는
시간을 읽어야 한다

선한 힘

사람을 키운다는 것이
이렇게 어려울 줄이야
사람을 사람답게 만든다는 것이
이렇게 시간이 걸릴 줄이야

자식을 키우는 것만큼이나
건강을 관리하는 것만큼이나
아니 어쩌면 더 어렵고 힘든 것이
사람을 키우고 사람을 사람답게 하는 것

방법이 없을까
해결책이 없을까 궁리하다
눈에 번쩍 뜨인 것 있었으니
독서라는 한 가닥 묘수

사람이 책을 만들지만
결국 책이 사람을 만든다는 글귀에
마음 깊이 공감하며
독서의 선한 힘을 은연중에 기대하네

고전

정신보약

주문한 여러 권의 책을
힘에 겹도록 사 왔더니
텅 빈 지갑, 궁색한 씀씀이 되었으나
마음만은 부자
배부른 부자

가난도, 배고픔도
잊게 하는 정신보약
흐뭇한 마음으로 펼쳐
열심히 섭취할 일만 남았으니
집중, 또 집중, 쉿!

칭찬할 일

세상을 경험하고
삶을 이어갈 때에는
넓게 생각하고
크게 느끼고
멀리 바라보고
그렇게 해야 하리라

그러나 책을 읽고
글을 쓸 때에는
자세하게 보고
꼼꼼하게 살피고
확실하게 쌓아두고
그렇게 해야 하리라

먼 훗날
어느 한 순간
가슴 깊이
정말 잘 했다고
스스로에게
칭찬할 일 있으리

흐뭇한 느낌

깊숙이
숨어버렸던
책 한권
갑자기 눈에 들어와
기쁜 마음으로
헤집고 꺼내 들었더니

빛바랜 사진과
맛깔스런 글 솜씨에
고요한 정적이 어우러져
친근함은 더해지고
흐뭇한 느낌 밀려와
마음은 풍요로워

시간이 멈춘 듯한
이 순간의 기분
세상 그 무엇과 비교할 수 있을까

살피고 읽어보아도

두 눈 크게 뜨고
아무리 살피고 읽어보아도
그냥 쉽게 이루어지는 일
갑자기 찾아오는 공짜
땀 흘림 없는 대가는
세상살이에 결코 없더이다
손 하나 까딱하지 않고
그럴듯한 말로만 무장하면
한 순간 찾아오는 손님 있으니
가난, 한숨, 질병…

단순하게 살되
치열하게 내공을 쌓아
샛길 아닌 앞길로
빨리 아닌 성실히
짧게 아닌 오래도록
책임감 있게 나아갔으면 합니다만
지나간 이야기로 가볍게 취급하고
전혀 상관없는 남의 문제로 여긴다면
그 언젠가 예고 없이 닥칠 어려움 있으니
쓴맛, 신맛, 짠맛…

말과 글1

말이
쓰여지면
글이 된다

글이
읽혀지면
말이 된다

말과 글이
하나되면
독서가 된다

말과 글2

반가웠다
좋았었다
말했더니

고맙다
다행이다
말한다

만나줘서
읽어줘서

잊어지고 기억되는 것

세월이 지나면 자연스럽게
잊어지는 것 있으니
흘러간 시간,
부귀영화,
사람의 존재,
…

세월이 지나도 오래도록
기억되는 것 있으니
사람이 쓴 책,
개인의 발자취,
남겨진 위인의 이름,
…

그 어떤 순간에도
보잘 것 없이 잊어지기보다
순간순간 기억되는
흐뭇한 인생
되었으면 하는 간절한 마음

생명 언어

가지런히 배열되어 있는
정지된 듯한 글자들
두 눈 크게 뜨고 보면
호흡하고 몸짓하는 움직임 있어

언젠가 그 한 사람을 위해
읽혀지기를 조용히 기다리는
시대적인 지혜의 보고(寶庫)인 것을

머무르는 듯한 고요를 벗 삼았으나
쓸모 있는 사람 만나면
마음껏 생명을 낳고
생명을 이어가는 생명 언어 되겠지

세상

눈으로 보는 세상
좁고 좁은 한정된 세상
다양하나 복잡한
어지러운 세상

마음으로 읽는 독서세상
넓고 넓은 광활한 세상
거침없이 숨 가쁘게 펼쳐지나
감동이 전해지는 따뜻한 세상

그렇다면 눈으로 보고
마음으로 읽는 것
뛰어넘는 영원한 세상
그 어디에 있지 않을까?

삶은 추억 쌓기

삶을 살아낸다는 것이
가을에 낙엽 떨어져
수북이 쌓이는 것처럼
추억을 쌓아가는 것

그 쌓인 추억을
읽고 또 읽어
또 다른 추억을 쌓기 위해
과감히 앞으로 나아가는 것

고전

글을 쓴다
그러면 한 순간
글이 의미가 된다

책을 읽는다
그러면 한 순간
책이 희망이 된다

사라지고 없어지기를
반복하는 이 시대에
좋은 글
귀한 책은
영원히 기억될 고전이 된다

글

글은
침묵으로
말하는

분주한 현대인들에게
한 가닥 방향을
잡아주고 제시하는
또 다른 희망의 언어

시간이라는
허허벌판 광야에서
자유가 넘치는
생명의 언어

채우는 것

텅 비었을 때
독서로 알차게
채우는 것만큼
귀한 일이 있을까?

비우고
채우는 것이
우리네
인생살이라 하지만
채우고
비우는 일에
독서만한 것이
또 어디 있을까?

텅 빈 인생
텅 빈 마음
세상에 너무 많아
이제 채울 일만 남았네

한 권의 책

한 권의 책이
그 어떤 한 사람에게
전하는 영향력
실로 크게 느껴지는 것은

손끝과 눈길이 어우러져
마음 깊은 곳까지 파고들어
만들어냈을 잔잔한 여운
우렁찬 메아리를 알기에

그 한 권의 책이
한 사람의 삶 걸음걸음마다
새기고 미쳤을 진한 감동
눈에 잡힐 듯 선명 하구나

스승

좋은 사람,
좋은 책이
스승될 수 있다는데

고뇌하고
행동하는 사람이
좋은 사람,
좋은 책 만나겠지

그러나 스승 찾기 힘겨운
냉엄한 현실이 안타까워
누가 알까 애타는 이 마음을

마음의 글

아름답게 향기를 뿜어내는
긴 여운이 있는 글
마음을 두드리는 글

내면을 환하게 밝혀주는
살아 꿈틀거리는 글
마음을 훈훈하게 하는 글

마음에 글을 품으면
한없이 행복해지는 글
마음과 마음을 넉넉하게 하는 글

아이들이 없는 농촌

아이들이 없어 책 읽는 소리가
소리 소문 없이 사라진 농촌마을
현실을 바라보면 암울하고
미래를 내다보면 답답하다

적막한 농촌마을에
휑하니 들리는 것은
거친 바람소리뿐
늙은이들의 한숨소리뿐

웃음꽃 핀 아이들의 해맑은 소리
언제쯤 다시 만날 수 있을까
책 읽는 아이들의 낭낭한 소리
언제쯤 다시 들을 수 있을까

종과 주인

사람 사는 시대에
문자에 얽매이면 종이요
문자에 자유하면 주인 되나니

사람 사는 학교에
문자를 짊어지면 종이요
문자를 이용하면 주인 되나니

사람 사는 걸음에
문자가 달아나면 종이요
문자가 다가오면 주인 되나니

종과 주인의 거리
아무리 재어보아도
백지 한 장 차이

책 읽는 습관

흔적

시간은
바람처럼
쏜살같이 지나가고

삶은 강물처럼
끊임없이 흐르는데

사람은 구름처럼
하염없이 변해가니

남기고 전해야 할
흔적은 무엇일까?

우뚝 선 고전처럼
기억되었으면 좋으련만

묘한 힘

아무것도 아닌 듯하면서
전부인 것처럼 느껴지게 하는
책의 힘, 독서의 힘
머리로 말하게 하고
마음으로 다가가게 하는구나

꿈이 현실이 되는
이 좋은 시절에
마음껏 채워가고 펼쳐가는
삶의 양식으로
지식의 보물창고로 안성맞춤

평생지기 따뜻한 길잡이 될 수 있다 하지만
무관심하면 아주 멀리 달아나고
애쓰면 조금씩 가까이 다가오는
잡힐 듯 말듯 한 묘한 힘 있기에
책이라 독서라 말하는 것이겠지

책 읽는 습관

아침 일찍 눈을 뜨면
맨 먼저
글을 읽는다
책을 읽는다
온 세상을 알기 위해

하루일과를 마감하며
잠들기 전에
글을 읽는다
책을 읽는다
세상 먼지 털어버리기라도 하듯이

시대는 하염없이 변해가도
글과 책은 변하지 않기에
책 읽는 습관, 좋은 습관
풀리지 않는 문제 있다면
글과 책에서 찾을지니
하루라는 시간, 책임 있는 준엄한 시간

친구

마음 편한 친구가 있다네
기댈만한 넓은 언덕이기도 하지
따뜻한 손길 내밀어 잡아주는 것은 물론이고
답답함 깨우쳐주는 명쾌함도 갖추었지

오랜 세월 달려 왔어도 지칠 줄 모르고
할 말은 분명하게 하는 용기 있어
질문하면 흔쾌히 말해주고 흔들리면 함께 아파하는
푸른 하늘 보게 하고 넓은 가슴 빌려주는
다정함도 있다고 할까

쌓이고 쌓인 우정 있어 흐뭇하고
곁에만 다가가도 기분 좋은 향기 얻어가는 느낌
침묵하는 것 같으나 마음을 읽어 속삭이는
나에게 책이란 바로 그런 친구라네

희망

시대적인 흐름에 슬그머니 길들여져
무덤덤한 일상이 되어버린 현실이 안타까워
자극주고 깨우침 줄 희망의 소리 없을까 하여
마음을 모아 쓰여진 책에 관심을 기울여봅니다.

수많은 세월동안 수많은 사람들에게 전해졌을
서슬퍼런 그 음성 어디 없을까 하여
한 가닥 희망어린 마음을 갖고
밝은 길 가르쳐 줄 듬직한 책에 시간을 담아봅니다

오늘이라는 시간 여정이 부끄럽지 않으려면
감각 있는 걸음이 되어야 하는 것은 당연한데
유독 책에 많은 관심 기울이는 것은
마음을 흔들어 깨울만한 한 음성 있음을 알기 때문입니다

누군가에게 아낌없이 말했을 그 음성
내게도 변함없이 들려주리라 기대하기에
펼치고 다가가는 수고로움 아무리 있어도
시간을 뛰어넘는 울림을 따라 책에 희망을 걸어봅니다

고향

내 육신의 고향은
경상북도 영주 땅
스쳐지나가는 흔적에도 마음이 아련해지는
추억과 정겨움이 듬뿍 서려있는 곳

내 마음의 고향은
잉크 냄새 진하게 풍기는 서재
땀 흘려 읽은 만큼 감동케 하는
따뜻한 햇살 드리운 포근한 안방 같은 곳

내 영혼의 고향은
푸른 하늘 뛰어넘는 아름다운 천국
늘 가슴 설레게 하는
언젠가 때가 되면 가야할 복된 곳

고향 없는 사람이야
이 세상 그 누구도 없겠지만
고향에 대한 애틋한 그리움
잃어버린 사람 많다는데 어찌할꼬

하얀 백지

하얀 백지 위에
선명하게 새겨진
뜻 깊은 사연들
살갑게 다가와
말이 되고 글이 되네

하얀 백지 위에
선명하게 새겨진
끝없는 사연들
따뜻한 음성 되어
들려주고 알게 하네

누구를 위해
쓰여진 몸짓이기에
그토록 오래 가고
길게 가는 것일까
끈질긴 생명력으로

글 자취

한 장 또 한 장 읽어
살갑게 넘길 때
느껴지는 감미로운 손 맛
손끝으로 잔잔히 전해져

숨죽이며 조용히 다가왔다
소리 없이 지나가는
상쾌한 아침 공기처럼
온 몸으로 퍼진다

한 장 한 장으로 해체 되었다가
한 장 한 장으로 자연스럽게 뭉쳐
한 권의 책으로 다시 돌아가는
당당함이 언제나 부러워

조용한 듯, 잔잔한 듯하나
가장자리에 밀려와 파도칠 때
점점이 부서지고 부르짖는 하얀 파도처럼
수많은 흔적 남기고 떠나는 글 자취

잡힌 책, 읽는 책

손에
잡힌 책
너무 귀하고

마음으로
읽는 책
의미 있어 새롭다

한 문장
한 구절이
희망을 속삭이기에

너는 나의 일부분

독서, 너는 나의 일부분
보이고 잡히는 수족처럼
느끼고 함께 호흡하는 절친한 존재

마음 한 구석에
조용히 비집고 들어와
말하고 대답하는
소중한 지성의 텃밭

재미와
의미와
그리고 오늘이
어우러져 이루어지는
진솔한 온 몸 행위

꼭 맞는 말

사람들은 무슨 일을 할 때
열심을 다하라
수고하고 애쓰라
시간을 아껴라
애착을 가져라
과감하게 투자하라
마음을 다해 행동하라
창조의식을 가져라
…
라고 말한다

가만히 음미해 보면
독서에도 꼭 맞는 말이다
독서란 그런 것이다
독서에도 공짜는 없다

소통

일찍부터 시작하고
한발 앞서 두루 배우고
올바르게 많이 읽고
헤아림에 능통하면
핵심은 뚫어지고 열려지나니

꾸준함으로 다가가고
민첩함으로 움직이고
지속적으로 신경쓰고
끈질김으로 인내하고
애써 관심 갖고 사랑하면 알아지나니

연습

인생은
연습 같은 삶
연습에 연습을 하지 않으면
이룰 수 없는 삶

꾸준한 연습은
바로 책 읽기
인생의 완주를 위해서는
반드시 필요한 도구

사람들은 말한다

사람들은 책을 많이 읽는다고
성공하는 것은 아니라고 말한다
그럼에도 성공한 사람은
책을 많이 읽은 사람이라고 말한다

사람들은 책을 많이 읽는다고
똑똑한 사람이 되는 것은 아니라고 말한다
그럼에도 똑똑한 사람은
책을 많이 읽는 사람이라고 말한다

사람들은 책을 많이 읽는 사람이
성공도, 지혜도
세상도, 현실도
자기 것으로 만들 수 있다고 말한다

가능성

완벽한 사람은 없으리
그러므로 끊임없이 배우는 것

배우는 것의 첫 출발은 읽어 내는 것
온전히 읽어낼 때 가능성은 시작되는 것을

가능성이 쌓이고 쌓여 기회로 다가와
마치 이 세상을 얻은 것처럼 만족하리

뛰어 넘게 하는 것

무슨 말이 필요할까!
어떤 말로 표현할까!
걸음걸음마다 엎어지고 흔들리는 나를
넓게 하고, 깊게 하고
듣게 하고, 알게 하고
그래서 뛰어 넘게 하는 것
그것은 독서, 독서였다네

세 마디

독서라는 마음의 정서
짧고 길게 보여 줄
뭐 없을까!
보이지 않는 느낌
오롯이 살릴…

기다림 끝에 낙이라 했던가
고요히 다가온 세 마디 있었으니
"그렇지"
"그러니까"
"그~래"

짧지만 긴 세 마디
족한 마음에
혼자 웃고, 혼자 흐뭇하고
긴 여운 마음으로 담아
머리로 끄떡 끄떡…

서재 풍경

서재 풍경(1)

푸른 가을하늘 밝고 청명하기만 한데
살며시 찾아온 스산한 마음 가눌 길 없구나
옹달샘 같은 지혜서 온 몸으로 읽고 나니 마음이 열려
서재에 앉아 책 읽기 잘했다 싶네

따뜻한 가을햇살 방안을 가득 밝혀주건만
무거운 마음 어지러워 정신이 없구나
몸 움직여 몇 글자 쓰고 나니 여유가 생겨
서재에 앉아 글쓰기 잘했다 싶네

서재 풍경(2)

지난 간밤 해맑은 둥근 달처럼
고요를 벗 삼아, 밤을 벗 삼아
서재에서 자료를 찾느라 시간을 등에 업고
시간과 함께 뜬 눈으로 보냈다네

종이 냄새, 책 냄새 맡으며
손때 묻은 서책 뒤적이고
오랜만에 만난 글귀 정겨워
시간 가는 줄 몰랐으니…

찾으면 있으려니
뒤적이면 보이려니
그렇게 쉽게 생각한 것이
착각 아닌 착각이었으니…

눈에 뜨이고 잡히는 것은 많건만
정작 필요한 것은 찾을 수 없으니
많아 보이는 것이 세상인 듯
보이지 않는 것이 인생인 듯

서재 풍경(3)

한 사람을 만났습니다
생애가 부럽고 안타까워 따뜻한 마음 나누다
땅 밟고 살았던 그분의 시대와
지금 이 시대의 현실을 함께 공감하다
어느새 친근한 벗이 되었습니다

몇 백 년의 시간을 두고 만났지만
사람 사는 세상 그때나 지금이나
삶의 형편 별반 다르지 않음을
뼛속 깊이 느끼고 또 느껴봅니다

비록 침묵이 깊게 깔린
서재에서 책으로 만났으나
믿음과 절개, 안타까움과 한숨,
그리고 주어진 환경 극복하며
성실히 임하는 절절히 전해지는
신뢰와 인간됨은
길고 긴 잔영으로 남아
평생 잊을 수 없을 것 같습니다

한 사람을 만났습니다
낮에는 성경에 등장하는
젊은 사역자 디모데를 만났고
저녁에는 조선후기 독서인
이덕무를 만났습니다

서재 풍경(4)

옛날 우리 할머니 늘 이렇게 말했다네
'천천히 먹어라 얹힐라
꼭꼭 씹어 먹어라 얹힐라'

이 말이 서재 친구들 하는 말과 똑 같네
'천천히 읽어라 얹힐라
꼭꼭 씹어 읽어라 얹힐라'

이제야 알겠네 세상살이 똑 같다는 것을
'천천히 생각하며 살아라 얹힐라
꼭꼭 씹어 삼키듯 살아라 얹힐라'

서재 풍경(5)

큰 그릇, 작은 그릇
가지런히 놓인 모습
마치 서재를 닮았네
주인의 손을 기다리듯이

크게 쓸까, 작게 쓸까
무엇을 담을까
마치 서재에 꼽힌 책과 닮았네
주인의 손을 기다리듯이

서재 풍경(6)

무릉계곡 올라가는 길
초입 계단에서 옆 친구 손에 손을 잡고
올망졸망 떠들며 계단을 내려오는
유치원 아이들 등산객들 얼굴 보며
반갑다는 듯이 천연덕스럽게 배꼽인사 하는데
"안녕하세요. 안녕하세요"
예쁜 행동에 기분이 좋았다 그냥 좋았다

서재 계단 올라가는 짧은 길
한 걸음 한 걸음 오르고 올라
서재 문 열고 들어서면 늘 한결같이
종이 냄새 찐하게 풍기며 기다렸다는 듯이
환하게 반기는 책들의 변함없는 인사
"안녕하세요. 안녕하세요"
배부른 인사 같아 기분이 좋다 참 좋다

서재 풍경(7)

서재에 가지런히 품위 있게 꽂힌
한 권 한 권의 책들
한 권의 책으로 만들어져 탄생하기까지
그 정성, 그 마음…
그 누가 알까, 얼마나 알까
글이 되고, 말이 되어, 울림 주는

손 안에 펼쳐 차분한 마음으로
쓰다듬고, 넘기고, 표시하고…
세상 밭에서 실낱같은 희망 캐듯
그 속에 고이 담긴 뜻
땀방울, 핏방울 그리고 눈물
기억하며 담아내야지 담아내야지

서재 풍경(8)

인생에
사계절 있듯

서재에
봄, 여름, 가을, 겨울 있어

뜨거운 열정과 얼음 같은 냉정이
따뜻한 온기와 서늘한 삭풍이

돌고 돌아 마침내
하나 되는 사계 공간

서재 풍경(9)

서재라 불리는 엄중한
지혜의 보고(寶庫)에서
매일 매순간 벌어지는
흔적과 울림들

만지고 펼치고
읽고 쓰고

모으고 쌓고
넘기고 새기고

어느 것 하나
치열하지 않은 것 없고
어느 것 하나
고요하지 않은 것 없으니

비범과 평범이
서재의 일상적 풍경

서재 풍경(10)

덥고 습한 여름 무더위의 기세가 대단하다
쉽게 영상 35도를 연일 넘나드니
낮에는 폭염주의보, 밤에는 열대야 현상
그래서 땀 흘리는 것 아주 자연스러운 일상

조금만 움직여도 이마에 땀, 온 몸에 땀
가만히 있어도 땀, 세상에 땀. 땀. 땀.
'흠뻑 땀 흘리고 나면 오히려 시원하다'는
선조들의 격언 되새기며 송이송이 땀방울
온 몸으로 적셔가며 서재에서 땀 흘린다
후덥덥한 서재에서 땀을 닦는다

읽고 쓰는 것 땀 흘리는 것
선풍기 하나라도 있어 다행이다
위로 삼으며 오늘도 늘 그랬듯
변함없이 읽고 쓴다 서재에서

서재 풍경(11)

날카로운 시간의 흔적
잠시 멈춰 서게 했더니
서재 안과 밖
결코 다르지 않아

서재 안은 평화라 말하고
서재 밖은 전쟁이라 말한다면
서재 안과 밖
몰라도 너무 모르는 소리

한 꺼풀 걷어내면
서재 안과 밖의 치열한 삶의 소리
오늘이라는 날카로운 시간을 따라
거듭거듭 강렬하게 꿈틀거려

서재 안과 밖
풀어내는 삶의 방식 각각 달라도
흔적 되고, 흔적 낳아
여전히 웃고, 울고

서재 풍경(12)

오늘의 서재 가만히
골똘히 들여다보니
늘 그 모습 같았는데
어제와 또 다른 느낌이네

늘 접하는 포근한 공간이건만
문을 열고 들어설 때마다
변화의 움직임 늘 있었으니…
우둔하여 세밀한 느낌 몰라서일까

그러고 보면 내일의 서재
오늘을 따라 어떻게 또 변할지
야금야금 움직임 설레며 기대 되네.
그만큼 나도 쌓여가겠지

서재 풍경(13)

서재에서 꾸준하게
책 읽는 일이
언제부터인가 모르게
가장 잘 할 수 있는
하나의 일과가 되었습니다

시간을 쌓듯 차곡차곡 쌓았더니
온갖 의미와
다방면의 지식과
세상속의 삶을
온 몸으로 경험할 수 있었습니다

시간을 잃는 것이 아니라
시간을 얻을 수 있는
합당한 기회라 굳게 여겼더니
가장 잘 할 수 있는
책 읽기가 글쓰기가 되었습니다

서재 풍경(14)

밥알
입안에 넣고 씹듯이

글자
머리에 넣고 읽듯이

다지고 쌓을 수 있도록
오늘도 묵묵히 책임을 다해주는 서재

내공을 위해, 내일을 위해
그 자리 지켜 주는 든든한 울타리

서재 풍경(15)

서재는 진지하게
그래
그렇구나
그래서
하는 대화 공간

서재는 지속적으로
질문을 하고
질문을 받고
질문에 대답
하는 열린 공간

서재는 변함없이
고요하게
평안하게
차분하게
하는 사색 공간

책이라
독서라
말하리